PANORAMA NATIONAL

5, rue de Berri (Avenue des Champs-Élysées)

BATAILLE

DE

CHAMPIGNY

(JOURNÉE DU 2 DÉCEMBRE 1870)

PAR MM.

ALPH. DE NEUVILLE et ÉDOUARD DETAILLE

RÉCIT DE LA BATAILLE
EXPLICATION DU PANORAMA — PLAN DU PANORAMA
DÉVELOPPEMENT DU PANORAMA

Prix : 5o centimes

SE TROUVE AU PANORAMA NATIONAL
5, RUE DE BERRI, 5 (CHAMPS-ÉLYSÉES)
1882

—

Une page d'Histoire

BATAILLE DE CHAMPIGNY

JOURNÉE DU 30 NOVEMBRE 1870

Le 30 novembre 1870, la 2ᵉ armée de Paris, forte de · 55,000 hommes sous les ordres du général *Ducrot*, avait passé la Marne aux ponts de bateaux jetés près de Joinville, Nogent et Bry-sur-Marne.

Son but était de franchir les lignes prussiennes, gagner les plateaux de la Brie, puis se rabattre au sud pour donner la main à l'armée de la Loire, vers la forêt de Fontainebleau.

Dès 9 heures du matin, les avant-postes étaient refoulés : *Champigny*, *le Four à chaux*, *Bry-sur-Marne* tombaient en notre pouvoir, et nos troupes, poursuivant leur mouvement en avant, escaladaient les hauteurs. Vers 11 heures elles garnissaient toutes les crêtes depuis le plateau de Chennevières-Cœuilly jusqu'au plateau de Villiers.

Après un moment de répit, elles se lançaient à l'attaque des deux positions principales, le *parc de Villiers* et le *parc de Cœuilly*. Mais ces vastes enclos, ceints de murailles que l'artillerie ne pouvait battre suffisamment, vomissaient la mitraille par leurs nombreux créneaux; plusieurs assauts vinrent se briser contre ces obstacles. Bientôt l'ennemi prit l'offensive à son tour... On lutta presque corps à corps sur les deux plateaux, principalement devant Villiers, où le général Ducrot entraînait les troupes par son exemple; enfin, Saxons et Wurtembergeois durent rentrer derrière leurs abris. Malheureusement tous les efforts que nous fîmes ensuite furent également infructueux.

Le but de l'opération était manqué; cependant nous couchions sur le champ de bataille, tenant toujours les hauteurs de Bry, de Villiers, le plateau du Four à chaux et les coteaux de Champigny.

Nos jeunes soldats avaient été superbes d'entrain; l'artillerie surtout s'était montrée héroïque; mais nos pertes étaient cruelles :

5,000 hommes jonchaient le champ de bataille.

Trois généraux avaient été blessés : le général *Ducrot*, commandant en chef, contusionné par un éclat d'obus; le général *Frébault*, commandant l'artillerie de l'armée le vieux général *Renault*, commandant le 2ᵉ corps d'armée, qui mourut des suites trois jours après.

Huit chefs de corps étaient hors de combat : *Prévaut*, lieutenant-colonel du 42ᵉ, tué ; *Dupuy de Podio*, lieutenant-colonel du 123ᵉ, tué ; *Sanguinetti*, lieutenant-colonel du 124ᵉ, tué ; *Villiers*, chef d'état-major de l'artillerie, blessé ; *Lourde-Laplace*, lieutenant-colonel du 35ᵉ, blessé ; *Boulanger*, lieutenant-colonel du 114ᵉ, blessé ; *Aubry*, lieutenant-colonel des mobiles de la Vendée, blessé ; *Tillet*, lieutenant-colonel des mobiles du Morbihan, blessé.

Les régiments ayant le plus souffert étaient :

Le 42ᵉ, qui avait perdu 29 officiers et 500 hommes ;

Le 114ᵉ, qui avait perdu 26 officiers et 519 hommes ;

La Vendée, qui avait perdu 25 officiers et 478 hommes ;

Le 4ᵉ zouaves, qui avait perdu 22 officiers et 400 hommes ;

Le 124ᵉ, qui avait perdu 20 officiers et 260 hommes.

JOURNÉE DU 1ᵉʳ DÉCEMBRE 1870

La journée du 1ᵉʳ décembre fut employée à se fortifier sur les positions, à reformer les régiments, les batteries, à reconstituer les attelages, les approvisionnements de munitions.... En même temps un armistice permettait de part et d'autre d'enlever les blessés et les morts.

Notre ligne de bataille s'étendait depuis la presqu'île de Saint-Maur jusqu'à Villa Evrard. Nous occupions Champigny, les parcs et le petit bois situés en avant de ce village ; les carrières du plateau du Signal (*au milieu desquelles se trouve l'observatoire du Panorama*), le Four à chaux, le bois de la Lande, les hauteurs de Villiers et le village de Bry.

A Champigny était la division *Faron* ; la division *de Malroy* tenait le plateau du Four à chaux ; sur les hauteurs découvertes de Villiers, le général *Berthaut* avait habilement abrité ses troupes derrière des tranchées ; Bry était gardé par une brigade du corps *d'Exea*, dont les autres troupes formaient réserve rive droite de la Marne, sur les collines du Perreux ; la brigade *Courty* occupait les hauteurs de Bry.

La nuit fut employée à compléter les moyens de défense. Elle fut rude cette nuit, car le thermomètre descendit jusqu'à 10 degrés au-dessous de zéro !

Immobiles et sans feu, nos soldats en souffrirent d'autant plus cruellement qu'ils étaient épuisés par les fatigues des jours précédents, par la privation de sommeil et le manque de nourriture substantielle. Depuis trois jours, en effet, il avait été impossible, sur bien des points, de faire cuire des aliments ; les hommes généralement n'avaient mangé que du pain ou du biscuit....

Pendant ce temps l'ennemi avait déployé une grande activité pour réunir des renforts sur cette portion de la ligne d'investissement ; non seulement il se tenait prêt à repousser toute nouvelle offensive, mais encore il avait résolu de reprendre les positions perdues le 30 novembre.

« Enlever Bry et Champigny, et détruire les ponts », tel était l'ordre du grand quartier général allemand.

Dans ce but le général *de Fransecky* avait été investi du commandement momentané de toutes les forces réunies entre Seine et Marne, sous l'autorité supérieure du Prince Royal de Saxe, commandant en chef de l'armée de la Meuse. Ces forces comprenaient :

<table>
<tr><td>3 brigades wurtembergeoises,. . . . .</td><td rowspan="4">Établis sur les hauteurs de Sucy - Chennevières-Cœuilly ;</td></tr>
<tr><td>1 brigade du VIe corps prussien, ...</td></tr>
<tr><td>3 brigades du IIe corps prussien, ...</td></tr>
<tr><td>Toute l'artillerie du IIe corps, ...</td></tr>
<tr><td>3 brigades du XIIe corps saxon, ...</td><td rowspan="2">Sur le plateau de Villiers-Noisy-le-Grand.</td></tr>
<tr><td>L'artillerie du XIIe corps. . . . .</td></tr>
</table>

Total : 55,000 hommes et 250 bouches à feu.

Telle était l'armée contre laquelle nous allions avoir à combattre dans la journée du 2 décembre, avec *50,000 hommes* environ.

JOURNÉE DU 2 DÉCEMBRE 1870

Dispositions d'attaque prises par les Allemands

Dans la soirée du 1er décembre, le général de Fransecky ayant reçu du Prince Royal de Saxe l'ordre d'attaquer le lendemain, avait pris les dispositions suivantes :

« Les villages de Bry et Champigny seront enlevés à la pointe du « jour ; on essayera également de détruire ou de faire sauter les ponts « jetés sur la Marne.

« En conséquence, la 24e division d'infanterie à Noisy-le-Grand est « chargée de l'attaque de Bry, la 1re brigade wurtembergeoise est char-« gée de l'attaque de Champigny ; les deux attaques devront se faire en « même temps.... »

Ainsi le projet de l'ennemi était d'enlever les deux points d'appui de notre ligne de bataille, *Bry* et *Champigny*, de faire sauter nos ponts et de nous envelopper ou nous jeter à la Marne.

« Le 2 décembre, dit la relation allemande, la 24e division, chargée d'attaquer Bry, se rassemblait de très grand matin au sud-est de Noisy-le-Grand, et auprès de la Grenouillère, avec 4 bataillons de la 23e division et l'artillerie de corps saxonne. La 1re brigade wurtembergeoise, désignée pour opérer contre Champigny, avait le 1er régiment auprès de Villiers et le long du chemin de fer, le 7e régiment et le 2e bataillon de chasseurs aux abords de Bel-Air. Au IIe corps prussien, la 7e brigade se tenait auprès de Mon-Idée, la 6e auprès de Sucy, ainsi que deux batteries de l'artillerie de corps ; la 5e brigade était en marche, venant de Marolles avec les 4 autres batteries de l'artillerie de corps.... »

Avant le jour, les colonnes d'attaque se mettent en marche, et, à la faveur du brouillard, s'approchent très près de nos positions ; puis, à un signal donné, elles se précipitent en masse sur nos avant-postes.

Attaque de Bry

A notre aile gauche, les Saxons font irruption sur le village de

Bry, enlèvent les premières barricades, les premiers enclos et un certain nombre de maisons....

Mais bientôt ramenées par leurs officiers, nos compagnies reviennent au combat. Une lutte acharnée s'engage tout autour du village; on se bat sur les pentes, dans les vignes, dans les jardins, dans les maisons... De part et d'autre on fait des prodiges d'énergie; *le hasard veut que les 107ᵉ et 108ᵉ français soient en présence des 107ᵉ et 108ᵉ saxons!* Plusieurs fois l'ennemi renouvelle ses attaques; mais il vient se briser contre l'énergie des défenseurs de Bry, dirigés par le général *Daduel*, le lieutenant-colonel *Tarayre* du 107ᵉ, le lieutenant-colonel *Coiffé* du 108ᵉ.

Enfin, après six heures de lutte, les Saxons se retirent laissant entre nos mains 381 prisonniers. Ils avaient perdu près de *1,200 hommes* et *51 officiers*. Le 108ᵉ était presque anéanti; il avait 633 hommes hors de combat et 36 officiers tués ou blessés!

De notre côté nous avions eu 700 hommes et une trentaine d'officiers hors de combat aux environs du village.

Attaque des hauteurs de Bry et de Villiers

Pendant que Bry était attaqué par des troupes venues de Noisy-le-Grand, d'autres bataillons sortis du parc de Villiers se jetaient sur nos avant-postes des hauteurs de Bry et de Villiers. Mais la division *Berthaut*, établie aux abords du *grand peuplier*, ne se laissa ni surprendre ni entamer, et les Wurtembergeois durent se replier en désordre derrière leurs abris. Plusieurs groupes qui s'étaient glissés le long du chemin de fer furent également repoussés par les mobiles du colonel *de Miribel*, et, sur la gauche de la division Berthaut, la brigade *Courty*, de la division de Maussion, défendit avec énergie les hauteurs de Bry et les abords du *chemin creux*, prêtant ainsi un vigoureux appui aux défenseurs de Bry.... Bientôt tout le terrain entre le *peuplier* et le chemin de fer fut garni par nos batteries, et de ce côté la parole resta au canon.

Attaque du bois de la Lande

Une autre colonne wurtembergeoise filant par le ravin s'était précipitée sur le *bois de la Lande*. Bien que surprises par cette irruption soudaine, trois compagnies du 121ᵉ y résistèrent énergiquement; les trois capitaines se firent tuer à la tête de leurs hommes.... Mais, accablés par le nombre, nos soldats allaient succomber quand parut le général *Paturel* avec des renforts amenés du Four à chaux. Immédiatement le combat est rétabli, les Allemands reculent à leur tour, et abandonnent le petit bois en nous laissant 30 prisonniers, dont un officier. Le général Paturel se jette à leur suite, entraînant tous les tirailleurs... Les Wurtembergeois n'attendent pas le choc; ils fuient les uns vers Villiers, les autres vers l'éperon de Cœuilly... La poursuite se fit ainsi jusqu'à la *voûte de Villiers*.... Là les pertes devenaient telles qu'il fallut s'arrêter; embusqués derrière des arbres, dans des sillons, nos soldats continuèrent à se maintenir dans le ravin de la Lande, malgré la vive fusillade partant de la levée du chemin de fer et des pentes de Cœuilly.

ATTAQUES SUCCESSIVES

CONTRE CHAMPIGNY ET LE FOUR A CHAUX

Première attaque (6 h. 1/2 du matin).

Avant le jour, le 7ᵉ régiment et le 2ᵉ bataillon de chasseurs wurtembergeois s'étaient massés sur les pentes entre Bel-Air et Champigny, à très peu de distance de nos avant-postes qui occupaient la Plâtrière, le Parc en pointe et les parcs voisins du haut du village.

Au signal donné, ils fondent en masse sur *Champigny* et *la Plâtrière*; des obus arrivent de toutes parts; une vive fusillade enveloppe nos hommes depuis le Plateau du Signal jusqu'à la Marne.

C'était le moment où les grand'gardes étaient relevées. Les premières compagnies, ébranlées par cette brusque attaque, se jettent dans l'obscurité sur celles qui arrivent; des incendies allumés par les projectiles au milieu du campement des mobiles, en arrière du Plateau du Signal, augmentent la confusion. Une véritable panique s'en suit et des flots de fuyards se précipitent à travers les rues de Champigny et sur les pentes de la Plâtrière, entraînant tout ce qui se trouve sur la route de Joinville; c'est un véritable torrent d'hommes, de chevaux, de voitures, qui roule vers les ponts...

Les Wurtembergeois enlèvent les parcs, les premières barricades... En un clin d'œil ils tiennent la Plâtrière et la moitié de Champigny. Heureusement un certain nombre de vaillants officiers, de vigoureux soldats, embusqués dans les jardins, notamment dans le jardin K, (voir le croquis) dans quelques maisons, derrière les arbres de l'avenue Bretigny, dans les carrières de la Plâtrière, retardent sa marche, permettent aux généraux *Faron* et *de la Mariouse* d'organiser la résistance dans Champigny, et donnent aux mobiles de la division de Malroy le temps de se reconnaître. L'énergie de ces quelques groupes avait empêché l'ennemi de gagner la rue et la chaussée du pont, c'est-à-dire d'être complètement maître de la situation dans Champigny.

Le général *Ducrot* accourant de la ferme de Poulangis, fait ramener les fuyards au combat, et ordonne l'offensive sur toute la ligne. Pendant que le général *Frébault* dispose l'artillerie de réserve à droite et à gauche de la route de Joinville, pour contrebattre les batteries allemandes établies sur les hauteurs de Bel-Air-

PLAN DU PANORAMA DE CHAMPIGNY

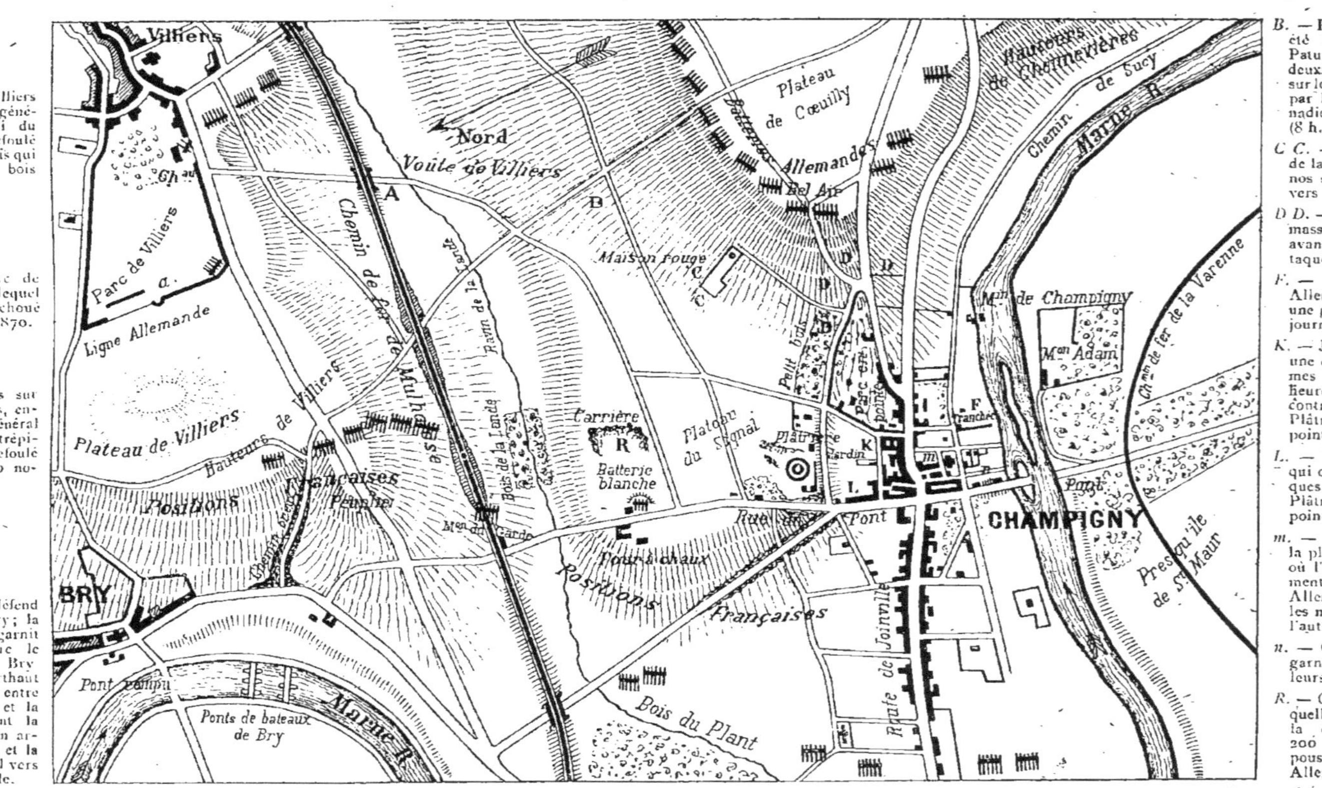

A. — Voûte de Villiers jusqu'à laquelle le général Paturel, parti du Four à chaux, a refoulé les Wurtembergeois qui avaient envahi le bois de la Lande.

a. — Mur du parc de Villiers contre lequel nos attaques ont échoué le 30 novembre 1870.

Plateau de Villiers sur lequel nos soldats, entraînés par le général Ducrot, ont si intrépidement chargé et refoulé les Saxons le 30 novembre.

La brigade Daudel défend le village de Bry; la brigade Courty garnit les hauteurs entre le chemin creux et Bry. La division Berthaut occupe l'intervalle entre le chemin creux et la voie ferrée, ayant la brigade Bocher en arrière du peuplier, et la brigade de Miribel vers la maison du garde.

B. — Point vers lequel a été blessé le général Paturel en refoulant la deuxième attaque faite sur les pentes de Cœuilly par le régiment de grenadiers prussiens n° 9 (8 h. matin).

C C. — Murs du jardin de la Maison rouge que nos soldats ont occupée vers 10 heures.

D D. — Points où se sont massés les Allemands avant la première attaque.

F. — Tranchée que les Allemands ont occupée une grande partie de la journée du 2 décembre.

K. — Jardin dans lequel une quarantaine d'hommes ont lutté de huit heures à deux heures contre la fusillade de la Plâtrière et du Parc en pointe.

L. — Maisons crénelées qui ont arrêté des attaques venues par la Plâtrière et le Parc en pointe.

m. — Maison verte, sur la place de la Fontaine, où l'on a si énergiquement lutté contre les Allemands établis dans les maisons en face, de l'autre côté de la rue.

n. — Chaussée du pont, garnie par nos tirailleurs.

R. — Carrière contre laquelle s'est produite la dernière attaque; 200 hommes ont repoussé 1,200 à 1,500 Allemands.

◎ Ce signe indique l'endroit du plateau du Signal où est placé l'observatoire du Panorama.

2 DÉCEMBRE 1870

Les positions données par le Panorama sont celles de 11 heures du matin.

ÉCHELLE DE $\frac{1}{20,000}$

0   500   1000 mètres

Chennevières, d'autres batteries sont portées sur la ligne même des Fours à chaux pour appuyer le mouvement en avant de nos troupes.

Les mobiles de la Côte d'Or, entraînés par le colonel *de Grancey*, se précipitent vers la Plâtrière ; dès les premiers pas, le colonel tombe mortellement frappé. Vers leur gauche, le colonel *de Vigneral* se jette sur le Plateau du Signal, avec les mobiles d'Ille-et-Vilaine. Un combat acharné se livre dans les carrières et sur tout le terrain qui se voit aux abords de *l'observatoire du Panorama*; mais complètement en vue, entassés les uns sur les autres, dominés par la Plâtrière, le Petit bois, les coteaux de la Maison rouge, nos mobiles font en quelques instants des pertes considérables, et bientôt sont obligés de se retirer derrière le bouquet de bois des Fours à chaux, laissant 33 officiers et 800 hommes sur le Plateau du Signal; l'Ille-et-Vilaine comptait pour sa part 25 officiers, dont le chef de corps, et 467 hommes hors de combat!

Ces efforts avaient cependant eu pour résultat de contenir l'ennemi et de l'empêcher de prendre pied sur la ligne des Fours à chaux; les Wurtembergeois s'étaient réfugiés dans la maison de la Plâtrière, derrière les murs de l'enclos, dans le Petit bois, dans le jardin de la Maison rouge et les vergers voisins.

A Champigny, l'effet de la panique avait disparu, grâce à l'énergie des généraux, des officiers, et l'on combattait à outrance dans toutes les rues. De même que Bry, Champigny était enveloppé par la fumée d'une lutte presque corps à corps, de maison à maison. La chaussée du pont et les maisons qui bordent la rue du pont formaient la ligne de défense principale; mais en avant de cette ligne nous tenions l'église, quelques maisons isolées aux alentours, la Maison verte sur la place de la Fontaine. L'ennemi était à quelques pas, dans les maisons voisines, dans la tranchée reliant ces maisons à la Marne; il occupait presque tout le pâté compris entre la grande rue et le jardin K; cependant un certain nombre de petits groupes isolés y luttaient énergiquement. Les défenseurs du jardin K et des maisons en arrière entretenaient une fusillade nourrie contre le Parc en pointe, et empêchaient les Wurtembergeois d'en sortir.

En même temps, tout le front du champ de bataille s'était de part et d'autre couvert d'artillerie; un duel terrible s'engageait entre nos batteries du plateau de Villiers, du Four à chaux, de la redoute de Saint-Maur, et les batteries ennemies couronnant les crêtes de Cœuilly, de Bel-Air, et les positions de Villiers.

Puis, pour renforcer le centre de la ligne, dégarnie sur plusieurs points par suite des pertes subies, le général en chef avait appelé du Perreux la division *de Bellemare* qui formait réserve à l'aile gauche, et, de Créteil, la division *de Susbielle* qui, dans la journée du 3o novembre, avait soutenu un combat fort honorable, sur la position de Montmesly.

La situation allait donc être rétablie.

Deuxième attaque (8 h. 1 2).

Maîs les Allemands s'étaient fait un devoir *d'honneur* de nous reprendre les villages de *Bry* et *Champigny*. Voyant que les premières colonnes avaient échoué, le général de Fransecky donne partout l'ordre de faire avancer les réserves.

Une brigade prussienne, la 7ᵉ du IIᵉ corps, est chargée de tenter un nouvel effort contre Champigny et le Four à chaux.

Pendant que le régiment n° 49 entre dans les parcs et dans le village, le régiment de grenadiers n° 9 s'élance sur les pentes de Cœuilly pour couper la retraite aux tirailleurs du général *Paturel*, qui formaient une pointe très avancée dans le ravin de la Lande.

« Avec 3oo ou 4oo hommes au plus des 121ᵉ et 122ᵉ, le général, faisant battre la charge, se jette intrépidement contre ces nouveaux adversaires. Malgré leur supériorité numérique très considérable, les Poméraniens ne se laissent pas aborder et se replient en toute hâte sur leurs réserves. Celles-ci, défilées derrière la crête, nous laissent arriver ; dès que nous sommes à bonne portée, elles nous reçoivent par un feu rapide ; officiers et soldats tombent en grand nombre. Le général Paturel, blessé grièvement, est obligé de laisser le commandement au chef de bataillon Leclaire, du 121ᵉ. Ne voyant plus leur général au milieu d'eux, nos soldats, réduits à un effectif des plus minimes, hésitent, s'arrêtent ; notre artillerie, complètement masquée, ne peut plus les soutenir. Les Allemands, profitant de cet instant critique, prononcent une double attaque par le ravin de la Lande et par les pentes de Cœuilly ; menacés d'être enveloppés par des forces de beaucoup supérieures, nos hommes battent en retraite jusqu'au parc de la Lande et au plateau du Four à chaux ; là, abrités dans les tranchées, dans les carrières, ils tiennent ferme ; bientôt même quelques décharges à mitraille forcent l'ennemi à rétrograder ; et, vers neuf heures, ses colonnes disparaissent de nouveau sur le plateau de Cœuilly et derrière les tranchées de Villiers.... »

« ....Dans Champigny, la fusillade qui n'avait pas discontinué, devint plus furieuse que jamais à l'arrivée du régiment n° 49.

« Embusqués dans la tranchée près de la rivière, dans les maisons voisines de l'église, dans les jardins, les Allemands cherchent à tourner notre droite en nous chassant de l'avenue Bretigny et de la chaussée du Pont; mais tous leurs efforts viennent échouer devant l'énergique résistance du 113ᵉ. » (1)

Au centre du village, la lutte est également des plus chaudes ; profitant de l'arrivée des Poméraniens, les Wurtembergeois font un nouveau mouvement en avant, et, cheminant d'habitation en

(1) Extraits de « La Défense de Paris », par le général Ducrot.

habitation, ils arrivent à la place de la Fontaine, en face de la Maison verte, qui résiste à toutes les attaques.

« De la droite à la gauche le village de Champigny semblait en feu..... des meurtrières, des fenêtres, du clocher, des barricades, des coins de rue, des haies, des vergers, la fusillade se croisait de toutes parts. » (1)

L'ennemi arrêté une seconde fois, nous prenons l'offensive à notre tour dans Champigny, en cheminant à la sape sur le côté gauche de la grande rue.

Troisième attaque (10 heures).

Nos batteries du Four à chaux, fortement éprouvées par l'artillerie des hauteurs de Cœuilly et de Villiers, avaient été obligées de se retirer et avaient pris position plus en arrière, dans le ravin de la Lande et aux abords du bois du Plant; la *batterie blanche* restait seule garnie d'artillerie en avant du Four à chaux.

« Profitant de la supériorité de son feu, l'ennemi reforme ses colonnes et devient menaçant sur toutes les pentes de Cœuilly. Une masse de tirailleurs, défilés derrière les vergers, les haies, les clôtures, nous fusillent à petite distance; un certain nombre, postés dans l'enclos de la Maison rouge, nous font surtout beaucoup de mal. Une compagnie du 122ᵉ s'élance sur cette maison; malgré un feu violent, nos hommes arrivent au pied des murs et s'emparent des deux faces nord de l'enclos.... mais l'ennemi se retirant derrière les faces opposées couvre de balles tout le jardin et nous empêche d'y pénétrer. Pris de flanc et à revers par les tirailleurs embusqués sur les pentes de Cœuilly, nos soldats se trouvent bientôt dans une situation très critique et sont contraints de se retirer.

« Les défenseurs de la Maison rouge se lancent à notre poursuite, pendant qu'un bataillon prussien du régiment nᵒ 49, sortant du Petit bois, cherche à nous couper la retraite. Le colonel de la Monneraye, du 122ᵉ, à la tête de trois compagnies de son régiment, se précipite sur le flanc du bataillon prussien; à peine a-t-il fait quelques pas qu'il tombe mortellement frappé. » (1)

Nos compagnies continuent leur mouvement; des fractions du 121ᵉ et quelques mobiles se joignent à elles, et ces trois ou quatre cents hommes se jetant à la baïonnette sur les Prussiens, les bousculent dans la Plâtrière et leur font une cinquantaine de prisonniers. (*C'est l'épisode du Panorama.*)

Pendant ce temps, des réserves s'étaient massées près des Fours à chaux et le général en chef venait de donner au général Frébault l'ordre de faire avancer de nouvelles batteries sur cette ligne.

« A la suite de cette vigoureuse attaque, les Allemands, épuisés, mis en désordre, semblent ne plus songer à reprendre l'offensive; nous profitons de ce moment de répit pour remettre un peu d'ordre dans la brigade Paturel si cruellement éprouvée.

« Le général était blessé; les deux colonels des 121ᵉ et 122ᵉ tués; trois

(1) Extraits de « La Défense de Paris » par le général Ducrot.

chefs de bataillon hors de combat. Le 122ᵉ avait perdu près de 600 hommes et 27 officiers, le 121ᵉ, 460 hommes et 21 officiers.

« A Champigny, dit le major Niepold, les Poméraniens et les Wurtember-
« geois combattirent ensemble avec une grande opiniâtreté, mais dans l'espoir
« qu'un renfort prochain ne tarderait pas à arriver. »

« Ainsi, avant onze heures, deux brigades étaient venues successivement se heurter à nos défenseurs de Champigny et du Four à chaux sans pouvoir les déloger de leurs positions; leur situation était même assez compromise dans le village, où nous commencions à regagner quelques maisons, quelques jardins, et l'ennemi comptait pour le soutenir sur l'arrivée prochaine d'un nouveau renfort. Le général en chef avait en effet donné l'ordre à la 3ᵉ division Hartmann d'entrer en ligne sur tout le front de Villiers-Cœuilly; cette division devait être remplacée sur le plateau de Chennevières par les 8ᵉ et 21ᵉ brigades (1). »

Dans leurs divers combats sur le Plateau du Signal et aux abords de Champigny, nos troupes avaient été énergiquement soutenues par l'artillerie établie en arrière de la ligne des Fours à chaux, sur le chemin de fer, sur le plateau de Villiers; mais nos batteries souffraient cruellement. Elles avaient à lutter contre 14 batteries (2) établies sur les hauteurs de Cœuilly, et 4 batteries postées dans le parc de Villiers et aux abords du village. Un très grand nombre d'officiers, de canonniers, de chevaux étaient hors de combat; plusieurs batteries avaient été démontées; le général *Boissonnet,* commandant l'artillerie du 2ᵉ corps, était blessé... Cependant la canonnade continuait plus vive que jamais; sur le plateau de Villiers, nos soldats, excités par la présence du général en chef, prenaient l'offensive et rejetaient les Saxons derrière les murs du parc; dans Champigny, la crépitation de la fusillade recouvrait le village d'une nappe de fumée que rougissaient çà et là les incendies allumés par les obus.

Quatrième attaque (11 heures).

Vers 11 heures, la 6ᵉ brigade, de la 3ᵉ division, entre en ligne, et une nouvelle attaque est immédiatement prononcée sur tout le front depuis la Marne jusqu'au Four à chaux.

« Contre Champigny marchent le 2ᵉ bataillon de chasseurs poméranien et le régiment nº 54, qui unissent leurs efforts à ceux du 2ᵉ bataillon de chasseurs wurtembergeois, du 7ᵉ régiment wurtembergeois, du régiment prussien nº 49, des grenadiers nº 9. En même temps le régiment nº 14 descendant les pentes nord du plateau de Cœuilly s'avance contre le Four à chaux.

« Quatre bataillons de la 5ᵉ brigade, formant réserve, se tiennent au centre des deux attaques sur le plateau de Cœuilly; deux bataillons de cette brigade ont été dirigés sur le parc de Villiers pour relever les Wurtembergeois et les Saxons fortement éprouvés. » (1)

(1) Extraits de « La Défense de Paris » par le général Ducrot.
(2) 4 au sud de la route de Bel-Air-Champigny, 7 au nord-est de Bel-Air, 3 au nord de Cœuilly (extrait de la relation allemande).

Dans Champigny, la division *Faron* repousse ce nouvel assaut avec une indomptable énergie ; au centre du village combattent le 35ᵉ, le 42ᵉ et le 114ᵉ, qui avaient été si éprouvés dans la journée du 30 novembre ; le 113ᵉ, garnissant la chaussée du pont, empêche les Allemands de déboucher de la tranchée et des maisons voisines.

Peu à peu nous reprenons l'offensive en repoussant l'ennemi de maison à maison ; mais nous ne parvenons pas à déloger les tirailleurs de la tranchée. Tous les efforts de front ayant échoué, quelques hommes avec le sergent Subileau sont envoyés dans *l'île de Champigny ;* leur barque est trouée par les balles ; cependant ils atteignent l'île, et, se défilant d'arbre en arbre, débordent la tranchée, fusillent à une centaine de mètres les Wurtembergeois, et les forcent à se retirer. Dès lors nous gagnons rapidement du terrain au sud du village, et le long de la·grande rue nous arrivons bientôt jusqu'à la rue de la Croix.

Dans la partie nord, les défenseurs du jardin K, des maisons de la rue du Pont, des Carrières *(que domine l'observatoire du Panorama)* contiennent les efforts des grenadiers poméramiens, des compagnies du régiment nᵒ 49, et les empêchent de déboucher du Parc en pointe, du Petit bois, de la Plâtrière. Mais nos pertes s'accentuent ; dans le petit jardin K, les défenseurs, exposés depuis le matin au feu plongeant du Parc en pointe et de la Plâtrière, ont été décimés ; sur 40 hommes, dont 3 officiers, vingt sont à terre, morts ou blessés. Les dernières cartouches épuisées, ils se précipitent hors du jardin ; quelques-uns tombent encore frappés à mort, les autres vont continuer la lutte dans les maisons voisines.

Sur le Plateau du Signal, le régiment nᵒ 14, de la 6ᵉ brigade, prononce son mouvement contre le Four à chaux. Descendant par petites colonnes les pentes voisines de la *Maison Rouge,* il s'avance par bonds successifs jusqu'à très petite distance de la carrière située entre le Four à chaux et le bois de la Lande ; mais là sont groupés des sapeurs du génie, quelques soldats des 121ᵉ et 122ᵉ ; en tout 200 hommes environ avec le commandant Gravis et le capitaine Glises. Malgré la fusillade, l'ennemi arrive à cinquante mètres à peine... Aux cris : « A la baïonnette ! à la baïonnette ! » les Allemands font demi-tour et se retirent sur les pentes, en arrière de la 5ᵉ brigade établie en réserve non loin de la Maison Rouge.

Le régiment nᵒ 14 venait de perdre 18 officiers et 284 hommes !

Pendant ce temps, deux brigades prussiennes s'étaient établies près de Bel-Air, la 8ᵉ du IIᵉ corps et la 21ᵉ du VIᵉ. Mais l'ennemi était las de ces assauts infructueux; il ne renouvela pas ses attaques.

De notre côté, les divisions de Bellemare et de Susbielle, appelées au début de la journée, avaient passé la Marne aux ponts de Joinville et étaient arrivées sur le champ de bataille pendant le dernier effort de l'ennemi.

La division *de Bellemare* alla relever dans le village de Bry et sur les coteaux voisins les brigades *Daudel* et *Courty*, qui combattaient depuis le matin. Le 116ᵉ, de la division *de Susbielle*, renforça la division Berthaut sur les hauteurs de Villiers, et deux bataillons du 115ᵉ de la même division furent dirigés sur les Fours à chaux, qui n'étaient plus défendus que par des fractions des 121ᵉ et 122ᵉ et quelques mobiles.

« A trois heures, la lutte d'infanterie est terminée; seule, l'artillerie ennemie, comptant plus de 100 bouches à feu, continue à couvrir d'obus nos batteries, nos réserves, où elle fait encore de nombreuses victimes. Voulant en finir, le général en chef fait avancer toutes les batteries disponibles; de concert avec les gros calibres des forts, cette masse d'artillerie ouvre un feu formidable. En peu de temps, l'artillerie allemande est complétement dominée; le bruit de la canonnade diminue par degré; vers quatre heures on n'entend plus que quelques coups isolés.... le feu cesse complètement.... la bataille est finie (1). »

Dans ces diverses attaques *contre Champigny et le Four à chaux*, l'ennemi avait eu 130 officiers et 2,162 hommes hors de combat, ainsi qu'il résulte des tableaux *de la relation allemande*.

Le 7ᵉ wurtembergeois avait à lui seul perdu 19 officiers et 413 hommes; le 49ᵉ poméranien, 27 officiers et 415 hommes; le 9ᵉ grenadiers, 14 officiers et 302 hommes!

Nos pertes, cruelles également, s'élevaient, pour les *défenseurs de Champigny et du Four à chaux*, à 122 officiers et 2,951 hommes.

RÉSUMÉ

Ainsi, le 2 décembre, au point du jour, nos hommes, épuisés par la lutte de l'avant-veille, engourdis par un froid de 10 degrés, avaient été refoulés sur plusieurs points par la brusque attaque des Allemands; mais le premier moment de surprise passé,

(1) Extrait de la « La Défense de Paris » par le général Ducrot.

ils étaient bientôt revenus au combat entraînés par leurs généraux et leurs officiers.

A l'aile gauche, les Saxons n'avaient pu nous déloger de Bry, défendu par la brigade Daudel, et, après six heures de lutte acharnée, ils avaient dû se retirer, nous laissant près de 400 prisonniers. Sur les hauteurs de Bry et de Villiers, tous leurs efforts avaient échoué contre la résistance des divisions de Maussion et Berthaut. Le long du chemin de fer, les Wurtembergeois avaient été refoulés par les mobiles du colonel de Miribel.

Dans le ravin de la Lande, le général Paturel avait brillamment repoussé deux assauts. Enfin, à l'aile droite vers le *Four à chaux* et *Champigny*, quatre attaques des Wurtembergeois et des Poméraniens étaient venues successivement se briser devant l'opiniâtreté des troupes des divisions Faron et de Malroy.

A 4 heures, nous avions repris toutes les positions conquises dans la journée du 3o novembre, et l'ennemi avait disparu sur les hauteurs.

Tel était le résultat de cette bataille, qui avait coûté aux Allemands 182 officiers et 3,36o hommes. Non seulement ils n'avaient pu s'emparer de Bry et de Champigny, malgré l'ordre impératif du commandant de l'armée de la Meuse, mais encore ils songeaient à préparer une retraite qui pouvait s'imposer le lendemain, et, trois jours après, ils cherchaient à entamer des pourparlers en vue de la paix...

Dans cette journée, toutes nos troupes avaient rivalisé d'ardeur ; les nouveaux régiments, les mobiles avaient combattu à l'égal des 35ᵉ et 42ᵉ, les deux seuls régiments d'ancienne formation.

L'artillerie avait été admirable, et avait grandement contribué au succès, sous l'énergique impulsion de ses officiers et particulièrement de son commandant en chef, le général Frébault.

Le génie, dirigé par l'illustre général Tripier, s'était, comme de coutume, signalé par sa ténacité.

Le 2 décembre 187o est donc une date mémorable pour la 2ᵉ armée de Paris, et pour son chef, le général Ducrot, qui, pendant ces assauts répétés, n'a cessé de se prodiguer sur tous les points du champ de bataille.

PERTES TOTALES PENDANT LES DEUX JOURNÉES

Les pertes totales de *l'armée française* pendant les journées des 3o novembre et 2 décembre 187o devant Villiers-Champigny s'élevaient à : 5 généraux, 15 chefs de corps, 409 officiers, et 9,053 hommes hors de combat ; le 42ᵉ avait à lui seul perdu 40 officiers et 1,135 hommes ! *L'artillerie avait eu 692 chevaux tués !* — Les pertes des *Allemands*, dans les deux journées, étaient de 248 officiers et 5,274 soldats.

EXPLICATION DU PANORAMA

Le spectateur est placé sur le *Plateau du Signal*, presque à l'aile droite de l'armée française.

En regardant Paris, reconnaissable aux silhouettes du donjon de Vincennes, du dôme du Panthéon, du Mont-Valérien, on a à sa droite la portion du panorama exécutée par M. *Detaille*, à sa gauche l'autre moitié peinte par M. *de Neuville*.

Au pied du plateau, dans la direction de Paris, se voit la plaine de Poulangis, avec les réserves françaises et les batteries de soutien qui canonnent les positions prussiennes. La route bordée d'arbres, qui coupe cette plaine, conduit d'abord à la Fourche de Champigny, puis à la Ferme de *Poulangis*, quartier général du général Ducrot, enfin à *Joinville*, où nos troupes ont traversé la Marne sur des ponts de bateaux le 30 novembre au matin.

Le village près du spectateur est *Champigny*, enlevé le 30 novembre aux Allemands. Par-dessus les toits, à travers les arbres, on voit briller les eaux de la Marne ; au delà est la presqu'île de Saint-Maur.

En ce moment Champigny est le théâtre d'une lutte acharnée. Les Wurtembergeois l'avaient brusquement envahi le matin à la faveur du brouillard, et presqu'entièrement repris ; mais nos soldats ramenés par leurs officiers avaient bientôt reconquis la moitié du village. Ils avaient même repoussé une deuxième attaque faite par des Poméraniens. Des meurtrières, du clocher, des coins de rue, des vergers, les coups de feu se croisent de toutes parts.

Le clocher nous appartient ainsi que quelques maisons voisines ; nous tenons également la chaussée du pont ; là, des soldats du 113ᵉ, abrités derrière leurs sacs placés sur le parapet, répondent aux tirailleurs prussiens embusqués dans quelques maisons très rapprochées, et dans la tranchée qu'on voit dans la prairie, non loin du pont. (*On peut distinguer tous ces détails à la lorgnette.*)

Dans l'intérieur du village combattent le 35ᵉ, le 42ᵉ et le 114ᵉ (division Faron) ; nos fantassins cheminent à la sape de maison en maison.

Sur le flanc de Champigny se voit un *petit jardin* avec ses murs crénelés d'où jaillissent des coups de feu. Cet enclos a joué un grand rôle dans la défense. Le matin, au moment de l'irruption des Allemands, une quarantaine d'hommes, dont trois officiers, s'y étaient jetés ; depuis lors ils avaient par leur fusillade empêché la marche en avant de l'ennemi, et bien qu'exposés au feu plongeant du Parc en pointe et de la Plâtrière, ils luttèrent ainsi jusqu'à 2 heures. Alors, réduits de moitié, à bout de munitions, ne pouvant percer le mur d'arrière faute d'outils, ils se jetèrent hors de l'enclos par la rue des Roches qu'enfilait le feu des Allemands ; plusieurs tombèrent frappés à mort, et les survivants allèrent continuer la lutte dans les maisons de la rue du Pont.

Dans la petite plaine entre Champigny et le pied du plateau que domine l'Observatoire, on aperçoit les débris de la lutte du matin..... Plus près, des fantassins et quelques mobiles reprennent l'offensive ; on les voit passer par les brèches et franchir les murs des jardins, pour se joindre à la colonne qui, venant du Plateau du Signal, aborde *la Plâtrière* dont les murs noirs se dressent tout près du spectateur.

Là on se bat sur des tas de charbon, sur des amas de pierre à chaux.... Un bataillon prussien, sortant du Petit bois qu'on voit derrière la grande maison de la Plâtrière, s'était avancé contre les carrières, et avait été refoulé par trois compagnies du 122ᵉ, conduites par le colonel de la Monneraye et le commandant Aillery. La majeure partie était rentrée dans le bois, mais cinquante Poméraniens du régiment n° 49 avaient été acculés au mur à pic de la Plâtrière : on les voit qui demandent à se rendre.

Plus près, le capitaine adjudant-major Forest-Defaye, du 122ᵉ, vient de rouler aux pieds de son cheval, mortellement frappé.

A gauche de la Plâtrière, on ramasse des prisonniers réfugiés derrière des charrettes, et déjà nos tirailleurs répondent au feu des Allemands embusqués dans le chemin creux de la Plâtrière, et dans le Petit bois.

Au premier plan est un fantassin blessé qui tend ses cartouches à un mobile.

Là finit la portion du panorama exécutée par M. *de Neuville :* il a peint le fantassin blessé ; le clairon de mobiles est de M. *Detaille :* on distingue les signatures des deux auteurs.

Par-dessus le Petit bois, garni de tirailleurs, on aperçoit la maison de Bel-Air, et les hauteurs de Cœuilly couronnées par l'artillerie ennemie : le long des pentes descendent des colonnes d'infanterie, du régiment de grenadiers poméraniens n° 9.

Les soldats qui bordent la carrière appartiennent au 122ᵉ ; ils viennent de repousser les Poméraniens dans le Petit bois et la Plâtrière ; on voit le colonel de la Monneraye à cheval, maintenu par ses hommes, au moment où il vient d'être blessé mortellement.

Le kiosque qu'on découvre dans un enclos au pied des hauteurs de Cœuilly porte le nom de la *Maison rouge ;* c'est là que s'est livré un combat acharné avant l'épisode représenté par le panorama ; de là encore un nouveau régiment (le n° 14) se précipitera bientôt, mais en vain, à l'attaque du Four à chaux.

La dépression qui existe entre la Maison rouge et le chemin de fer de Mulhouse est le *ravin de la Lande,* où le général Paturel a repoussé deux fois les Wurtembergeois et les Prussiens.

Par-dessus la voie ferrée se découvrent le village et le *parc de Villiers* garni de batteries allemandes ; c'est contre les murs de ce parc que sont venus échouer tous nos efforts dans la journée du 30 novembre.

Pour le spectateur, les fumées de ce parc représentent la droite de la ligne allemande, ligne indiquée par toutes les batteries qui garnissent les hauteurs de Cœuilly, puis de Chennevières. Mais cette ligne se prolongeait jusqu'à Noisy-le-Grand où se trouvaient les réserves saxonnes. L'espace vide à gauche du grand mur du parc est le *plateau de Villiers* sur lequel nous avons perdu tant de monde le 30 ; puis se détachent les fumées de nos batteries qui garnissent les hauteurs de Villiers, luttant avec une opiniâtreté sans égale contre une artillerie mieux postée et supérieure en nombre.

Un peu en arrière, sur les pentes, sont les troupes de la division Berthaut qui, abritées par des tranchées, n'ont pas été entraînées dans la panique du matin, et résistent à toutes les attaques.

Au delà des hauteurs de Villiers se trouve le village de *Bry-sur-Marne,* qu'on ne peut apercevoir, et dans lequel se livre un combat acharné entre la brigade Daudel et les Saxons qui, après six heures de lutte, seront obligés de se retirer.

Le petit bois en deçà du chemin de fer est le *bois de la Lande,* que l'ennemi a envahi le matin, et d'où il a été repoussé par le général Paturel.

Au premier plan est le *Plateau du Signal,* théâtre du premier combat de la matinée. Là, les mobiles de la Côte-d'Or et d'Ille-et-Vilaine ont perdu en quelqués instants 33 officiers, parmi lesquels le colonel de Grancey, et 800 hommes; on voit encore un certain nombre de morts et de blessés qui n'ont pu être enlevés.

Le bâtiment, surmonté d'une cheminée, qu'on aperçoit à l'extrémité du plateau, est le *Four à chaux*, derrière lequel se tenaient nos réserves; en avant, un monceau de débris de chaux, surnommé la *Batterie blanche*, est garni d'artillerie. Un peu à droite sur le chemin de fer, est une batterie de mitrailleuses, non loin de la *maison du garde*.

En deçà du Four à chaux le général *Ducrot*, commandant en chef, surveille la marche de l'action, fait avancer des réserves, et indique au général Frébault, commandant en chef l'artillerie, les positions à faire occuper par des batteries. On distingue dans son état-major le général Appert, chef d'état-major général, le colonel Warnet, sous-chef d'état-major général, le colonel Maillard, de l'artillerie de marine, le commandant Franchetti, des éclaireurs, qui, deux heures après, sera blessé mortellement sur les hauteurs de Villiers.....

A gauche du groupe, le bouquet du bois du Four à chaux de Champigny masque les réserves des 121e et 122e avec quelques mobiles; en avant, les ambulances et les frères de la doctrine chrétienne continuent à relever les blessés et les morts qui sont tombés le matin sur le Plateau du Signal.

A l'horizon, par-dessus les hauteurs de Villiers, se voit le plateau d'Avron, dont l'artillerie couvre de projectiles les hauteurs de Noisy-le-Grand; plus à gauche, le fort de Rosny, puis le fort et le village de Nogent, dont les gros calibres portent sur les positions ennemies de Villiers et de Cœuilly.

Enfin, l'on retouve le donjon de Vincennes, la silhoutte du Panthéon, puis la route de Champigny à Joinville, aux abords de laquelle nos batteries sont en position luttant contre celles de Cœuilly.

En résumé, la *ligne allemande* est indiquée par les fumées du haut de Champigny, de la grande maison de la Plâtrière, du Petit bois, des hauteurs de Cœuilly, du village et du parc de Villiers; elle se prolonge au-delà jusqu'à Noisy-le-Grand.

De *notre côté* la ligne de combat commence au pont de Champigny, passe par le village de Champigny, le Four à chaux, le bois de la Lande, les hauteurs de Villiers et se termine au village de Bry, s'appuyant à la Marne.

Les deux peintres, auteurs du Panorama, soldats l'un et l'autre dans l'armée de Paris, assistaient à la bataille.

MM. de Neuville et Detaille ont peint eux mêmes toutes les figures du Panorama, depuis les plus grandes jusqu'à celles des derniers plans, et tous les accessoires.

D'après leurs esquisses, et sous la direction de M. Mathey, le paysage a été exécuté par MM. Taylor et Bertrand, et le ciel par MM. Bracony et Desbrosses.

Le DIORAMA représente l'intérieur d'une maison de Champigny, sur la place de la Pompe, pendant la nuit, entre les deux journées de la bataille.

Les figures sont de M. Ringel, d'après un dessin de M. de Neuville, extrait du livre *A coups de fusil*, de M. de Quatrelles.

Paris. — Imprimerie P. Mouillot, 13, quai Voltaire. — 28316.

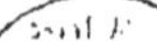

PARIS. — IMPRIMERIE P. MOUILLOT, 13, QUAI VOLTAIRE. — 28316.

DÉVELOPPEMENT DU PANORAMA

1. Donjon de Vincennes.
42. Fort et village de Nogent.
41. Petit bouquet de bois du Four à chaux derrière lequel sont passées les réserves.
44. Fort de Rosny.

47. Les Frères de la Doctrine chrétienne continuent à relever les blessés tombés dans la tranchée.
46. Le général Ducrot, suivi de son état-major, donne au général Frebault l'ordre de faire avancer de l'artillerie.
45. Four à chaux.
54. Batterie blanche.

53. Batterie de mitrailleuses sur le chemin de fer, près de la maison du garde.
52. Pointe du plateau d'Avron.
51. Plateau du Signal, où sont enterrés la tombe d'officiers et sous hommes des mobiles de la Côte-d'Or et d'Ille-et-Vilaine.
50. Petit bois de la Lande, envahi par les Wurtembergeois à la pointe du jour.

29. Troupes de la division Berthaut.
28. Batteries françaises sur les hauteurs de Villiers, près du grand peuplier; là ont été blessés le général Renault, le général Frebault, le colonel Villiers et un grand nombre d'officiers d'artillerie et de canonniers; nos batteries y ont perdu plus de 500 chevaux dans les deux journées.

27. Plateau de Villiers, sur lequel sont tombés plusieurs centaines d'hommes du 35e, du 42e et du 9e mobiles, à l'attaque du [...]; le soir, le 8 vers midi, nos soldats entraînés sur le général Ducrot, ont chargé les Saxons, les refoulant au delà de la route.
26. Mur du parc de Villiers, contre lequel ont échoué nos efforts dans la journée du 30 novembre.
25. Château de Villiers, près duquel sont des batteries prussiennes.
24. Clocher de Villiers.

23. Voie du chemin de fer, jusqu'à laquelle s'est avancé le général Faravel en refoulant la première attaque des Wurtembergeois.
22. Nos soldats ramènent des prisonniers prussiens.
21. Le colonel de la Hamennie, de rose, est mortellement frappé.
20. Maison rouge, autour de laquelle ont [...].
19. Batteries prussiennes sur les hauteurs de Cœuilly.
18. Des tirailleurs du 13e repoussent les Prussiens.

Partie exécutée par M. Édouard DETAILLE.

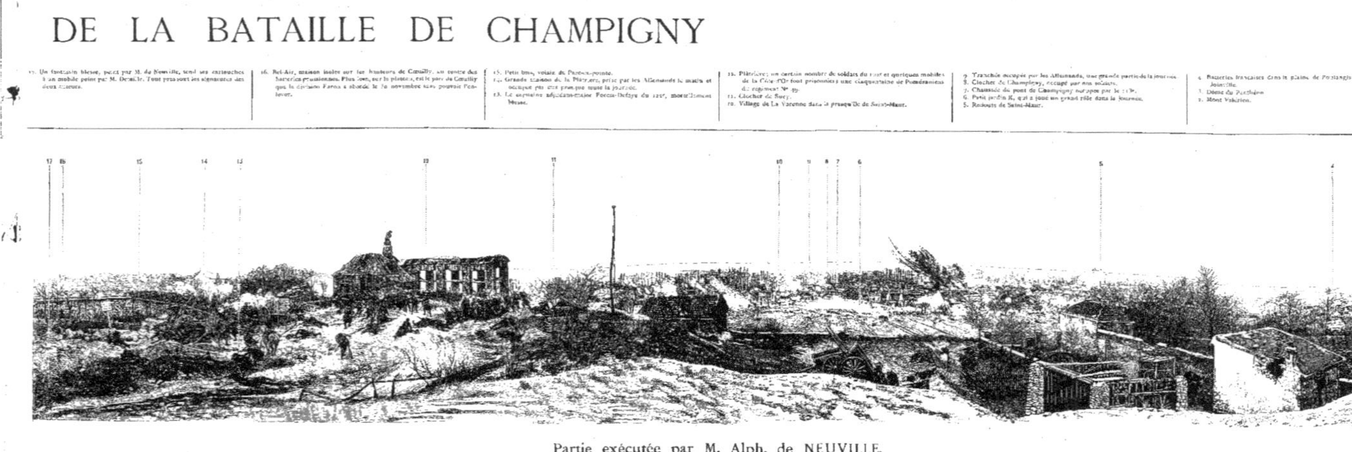

Partie exécutée par M. Alph. de NEUVILLE.